NOUVEAU SISTEME SUR LA CONSTRUCTION ET LES MOUVEMENS DU MONDE.

AVEC

UNE DISSERTATION SUR LA LIGNE DE NIVEAU.

Par M. GOBERT cy-devant Intendant des Bastimens de Sa Majesté.

A PARIS,
Chez JEAN-BAPTISTE DELESPINE, ruë S. Jacques, à l'Image S. Paul, prés la Fontaine S. Severin.

M. DCCIII.

Avec Privilege de Sa Majesté.

SOLI DEO HONOR ET GLORIA
EX LIBRIS R.P.
PLACIDI A
S.ta HELENA AUG. DISC. GAL.
REGIS
GEOGRAPHI.
Hoc signo vinces
Sufficientia ex Deo
Via Coeli et Terræ

AU ROY,

SIRE,

Je ſçay qu'un nouveau Siſteme ſur la conſtruction & les mouvemens du Monde, ne ſera pas reçû ſans obſtacles, cette matiere ayant eſté comme épuiſée par les anciens Sçavans, & par les modernes. Cependant, SIRE, *leurs opinions ſi opoſées me donnent lieu d'eſperer que le temps poura eſtre favora-*

ble à ce nouveau Sisteme ; & que la demonstration en estant certaine & facile à comprendre, conduira ceux qui le liront sans prevention, à y reconnoistre cette simplicité qui approche le plus du naturel & du vray. C'est, SIRE, tout ce que j'ay à desirer, & ce qui me fait prendre la liberté de le presenter à VÔTRE MAJESTÉ, *à qui j'ay voüé toutes mes veilles, avec dautant plus de confiance, qu'Elle a toûjours dit du bien des differens Ouvrages qu'Elle m'a fait la grace de recevoir de moy ; ce qui anime mon genie, & m'en fait attendre de plus en plus de nouveaux moyens pour rendre mes hommages plus agreables à V. M. & luy marquer jusques au dernier jour de ma vie ma parfaite reconnoissance de tant de bonté, & du bien qu'Elle me fait.*

Son tres-humble & tres-fidele
serviteur & sujet, GOBERT.

AVERTISSEMENT.

UNe difficulté qui m'a été faite ſur la ligne de Niveau, à laquelle j'étois engagé de répondre, m'a inſenſiblement conduit à foüiller le Globe de la Terre, à courir ſa ſuperficie & celle des Mers, & à imaginer un nouveau Siſteme ſur la conſtruction & les mouvemens du Monde : D'une penſée à l'autre ayant compris que la Terre étoit percée par une infinité de concavitez, comme tous les corps par des pores, des fibres & des veines, & que les eaux y font une circulation continuelle : J'ay crû auſſi qu'elle pouvoit eſtre inclinée par leur mouvement, & que ces eaux retournant par des voyes diſpoſées de certaine maniere, pouvoient la faire retourner de l'autre costé par un mouvement periodique comme celuy de certaines Orloges.

Estant certain que le Monde est en mouvement, & voyant tant d'opposition dans les opinions de ceux qui ont écrit sur cette matiere ; j'ay retranché ce qui m'a paru superflu, & opposé à ma raison ; & suivi ce que j'ay crû le plus simple, le plus naturel, & le plus vray-semblable pour approcher le plus du vray, persuadé que ce chef-d'œuvre de Dieu ne peut estre que tres-parfait, & que le plus simple est ce qui en approche le plus.

Ptolomée rend la Terre immobile au centre du Monde, & fait faire quatre mouvemens au Soleil ; celuy du premier mobile en vingt-quatre heures, le retrograde en un an, incliner six mois, & decliner six autres.

AVERTISSEMENT.

Copernic & ſes Sectateurs tombent dans l'autre extrême ; il rendent le Soleil immobile au centre de l'Univers, & font faire à la Terre les mouvemens que Ptolomée fait faire au Soleil : Il m'a paru plus vray-ſemblable & plus naturel de croire, que le Soleil fait ſimplement ſon tour en 24. heures, & que la Terre étant en équilibre au milieu de l'air, s'incline ſeulement de cinq lieuës ou environ en 24. heures du coſté du Soleil, pour en tirer les ſecours dont elle a beſoin ; ſans la faire piroüetter de dix mille lieuës par jour ſur un axe imaginaire, inclinant de coſté & d'autre : & il paroiſt auſſi impoſſible, que le Soleil puiſſe tourner obliquement, & faſſe les differens mouvemens qui luy ſont attribuez par Ptolomée, que de comprendre ceux qui ſont attribuez à la Terre par Copernic.

Ma demonſtration m'a tiré de l'erreur univerſelle où l'on eſt que les Peuples de la Laponie ont ſix mois de jour continuel, & ſix mois de nuit; ce qui n'eſt abſolument pas poſſible, quelque Siſteme que l'on ſuive, & quelque Relation qu'on en puiſſe avoir.

Si on demande de quoy je me ſuis aviſé d'écrire ſur une matiere qui ſemble avoir ſi peu de rapport à mon état: Je réponds par avance, que ce qui concerne les Mathematiques, convient à tous états, particulierement à l'Architecture; que ne pouvant demeurer oiſif, & n'ayant point d'employ qui me fixe, mon genie me conduit où il luy plaiſt; en ſorte que ſans y penſer je me ſuis trouvé dans ce petit labirinthe, d'où je n'espere sortir qu'à telle condition qu'il plaira au Lecteur, à qui il seroit inutile de demander grace. Chacun suivant son caractere & ses lumieres flatte ou censure comme il luy plaist: Il poura même arriver, que quelques-uns diront que je me mêle de trop de choses; c'est à mes Ouvrages à répondre.

Si on en croyoit Vitruve *, il faudroit qu'un Architecte fust instruit d'une infinité de choses tres-differentes, dont celle-cy fait partie; & il est de sentiment fort opposé à ceux qui croyent qu'il n'en faut faire qu'une seule pour la faire bien: au contraire, il met une Enciclopedil, & une telle liaison entre les Arts & les Sciences, qu'il les rend inseparables.

*C'étoit un celebre Architecte du tems d'Auguste, sous le Regne duquel nâquit J. C.

Sçavoir faire, n'est pas faire ce qu'on a vû & appris, c'est faire ce qu'on n'a ni appris ni vû. J'expoſe naturellement ce qui ſort de ma ſource ; moins on m'épargnera en faiſant mieux, plus on m'approchera de la fin que je me propoſe pour la découverte de la verité.

PERMISSION.

LOUIS par la grace de Dieu Roy de France & de Navarre : A nos amez & feaux Conseillers les Gens tenans nos Cours de Parlement, Maîtres des Requêtes ordinaires de nôtre Hôtel, grand Conseil, Prevost de Paris, Baillifs, Sénéchaux, leurs Lieutenans Civils, & autres nos Justiciers qu'il appartiendra, Salut. Le Sr GOBERT Nous ayant fait remontrer qu'il desireroit faire part au public d'un Ouvrage de sa composition intitulé, *Nouveau Sisteme sur la construction & les mouvemens du Monde, avec une Dissertation sur la Ligne de Niveau* ; s'il Nous plaisoit luy en permettre l'impression, & luy accorder nos Lettres sur ce necessaires. Nous luy avons permis & accordé, permettons & accordons par ces Presentes, de faire imprimer ledit Livre, en telle forme, marge, caractere, & autant de fois que bon luy semblera, pendant le temps de six années consecutives, à compter du jour de la datte des Presentes, & de le faire vendre & distribuer par tout nôtre Royaume : à la charge d'en mettre, avant de l'exposer en vente, deux exemplaires en nostre Bibliotheque publique, un autre dans le Cabinet des Livres de nostre Chasteau du Louvre, & un en celle de nostre tres-cher & feal Chevalier Chancelier de France, le Sieur Phelypeaux Comte de Pontchartrain, Commandeur de nos Ordres. De faire imprimer ledit Livre dans nostre Royaume & non ailleurs, en beau caractere & papier, suivant ce qui est porté par les Reglemens des années 1618. & 1686. & de faire enregistrer les Presentes és Registres de la Communauté des Libraires de nostre bonne Ville de Paris, le tout à peine de nullité d'icelles: Du contenu desquelles Nous vous mandons & enjoignons de faire joüir l'Exposant ou ses ayant cause pleinement & paisiblement, cessant & faisant cesser tous troubles ou empêchemens, & nonobstant clameur de Haro, Chartre Normande, & Lettres à ce contraires: Voulons que la copie desdites Presentes qui sera imprimée au commencement ou à la fin dudit Livre, soit tenuë pour dûëment signifiée; & qu'aux copies collationnées par l'un de nos amez & feaux Conseillers & Secretaires, foy soit ajoûtée comme à l'original. CAR tel est nostre plaisir. Donné à Versailles le sixiéme jour de Decembre, l'an de grace mil sept cens deux, & de nostre Regne le soixantiéme. Signé, par le Roy en son Conseil, LECOMTE. Et scellé.

Registré sur le Livre de la Communauté des Imprimeurs & Libraires, le 29. Decembre 1702.
Signé, TRABOUILLET, Sindic.

Ledit Sieur GOBERT a cedé son droit audit Privilege à J. Baptiste Delespine, suivant l'accord fait entr'eux.

Les Exemplaires ont esté fournis.

NOUVEAU

NOUVEAU SISTEME SUR LA CONSTRUCTION ET LES MOUVEMENS DU MONDE.

LES principes établis par les Anciens & les Modernes ſur la conſtruction & les mouvemens du Monde, ſont ſi oppoſez, qu'il eſt facile de juger par cette diverſité, que chacun ayant donné l'eſſor à ſon imagination, s'eſt efforcé de ſoûtenir ſon opinion par les plus fortes & les plus vray-ſemblables raiſons qui leur ayent été poſſible d'imaginer. Je dis vray-ſemblables, ne croyant pas qu'aucun de ceux qui ont écrit ſur ce ſujet ayent été bien perſuadez de ce qu'ils en ont dit.

Depuis que le Siſteme de Ptolomée a commencé à s'affoiblir par les nouveaux, on en a admis une infinité, & fait autant de Mondes que d'Etoilles ; on loge des Habitans dans la Lune & dans les Planettes ; & tout s'y paſſe au dire des connoiſſans à peu prés comme dans celuy-cy.

On pouroit dire que les grandes Lunettes, pour lire dans les Aſtres, ne les font gueres mieux comprendre ; ny les Microſcopes par la diſſection d'une puce, où elle peut loger un cœur, des poulmons, des cartilages, des arteres & des veines. L'eſprit de l'homme ſe promene entre l'infini & le neant, qui luy ſont également incompréhenſibles. A quelque étenduë qu'il conduiſe ſon imagination, & quelque temps qu'il employe à la conduire & à la ſuivre, il trouve toûjours quelque choſe bien au-delà. Autant que la raiſon s'égare dans les eſpaces vagues de cet infini, autant elle eſt reſervée à la recherche du neant ; lorſqu'elle diviſe un atome en cinq ou ſix millions de parties, toûjours ſubdiviſibles en idée, ſans pouvoir la reduire juſqu'au neant. L'homme devroit dautant plus s'humilier, qu'il s'ignore luy-même, & ne ſçauroit comprendre l'aſſemblage de l'ame & du corps, ny par quels ſecrets reſſorts la volonté en détermine les mouvemens, & fait agir les ſens : Il ne comprend pas même les moindres effets de la nature. Une petite pierre d'aiman, ou la vertu d'une herbe, met à bout les plus ſublimes eſprits.

Ces reflexions m'on fait croire que je pouvois expoſer mes idées ſur la diſpoſition & les mouvemens du monde : Comme elles sont differentes des differens Sistemes qui partagent les opinions, je diray ce qui m'a fait de la peine à comprendre dans les Anciens & les Modernes, avant que d'établir ce qui me paroist le plus vray-semblable. Il ne paroist pas naturel que le Soleil soit fixe & immobile au centre de l'Univers, suivant les nouvelles opinions ; il faudroit qu'il subsistât par luy-même, ce qui ne peut estre qu'en Dieu. Il est plus naturel de croire, outre l'autorité de l'Ecriture, & ce qui nous en paroist, qu'il a un mouvement reglé, par lequel il fait son tour en vingt-quatre heures, & qu'il prend en passant la matiere dont il nourrit & entretient sa chaleur & sa lumiere ; & que cette matiere est incessamment renouvellée par d'autre qui remplit dans l'instant l'espace qu'il quitte, comme l'eau remplit la place que quittent les poissons.

Pour rendre le Soleil fixe & immobile, on prétend que c'est la Terre qui tourne ; & qu'il faut le regarder comme étant dans un batteau, d'où l'on croit voir cheminer le rivage : Croire voir, quand on sçait que cela est absolument faux, ne conduit pas l'idée à se fixer le Soleil que nous voyons en mouvement, que la raison & l'Ecriture le disent, & qu'on doit estre convaincu par une infinité de ses effets, que Dieu luy a donné ce mouvement pour en communiquer à toute la nature, sans lequel il paroist visiblement qu'elle periroit.

On dit que la Terre est plus petite que le Soleil, & qu'il est plus naturel qu'elle tourne que luy : Cependant, pour donner à la Terre son mouvement en vingt-quatre heures, on fait tourner autour du Soleil toute la matiere celeste qui est infiniment plus grande que le Soleil, à proportion qu'il l'est à la Terre ; & il faut que les parties de cette matiere celefte ayent autant de differens mouvemens, qu'ils en font plus ou moins éloignez ; & pour faire l'inégalité des jours & des nuits, on fait defcendre du firmament certaines parties cannelées qui traverfent diametralement la Terre d'un Pole à l'autre, pour l'incliner & decliner periodiquement, fuivant l'Ecliptique, & luy donner un double mouvement : Enfin c'eft mettre dans l'inaction le premier agent de la nature.

De dire auffi que le Soleil tourne obliquement fuivant l'Ecliptique, comme Ptolomée & Ariftote l'ont enfeigné, fi on y reflechit avec application, on jugera que ce mouvement eft abfolument contre raifon & contre nature ; & quoy que Dieu puiffe tout, & qu'il ait prefque tout fait au deffus de la portée de noftre efprit, il n'a rien fait directement contre noftre raifon, qui eft felon la verité dont il eft la fource. Il femble plus naturel de croire que le mouvement du Soleil ſe fait ſuivant la Ligne Equinoxiale, ſans biaiſer ſon cours à droit & à gauche de vingt-trois degrez chaque coſté, pour traverſer le Zodiaque, & faire les deux Solſtices : mais plûtoſt que ſon Zenit & ſon Nadir ſont toûjours perpendiculairement ſous la Ligne ; ou pour parler plus vulgairement, comme la rouë d'un Coûtelier, qui ne ſçauroit biaiſer la route de ſa circonference que par un double mouvement de ſon centre ; ce qui n'eſt ny naturel ny poſſible.

Il n'eſt pas plus comprehenſible que la Terre puiſſe tourner ſur ſon axe en vingt-quatre heures autour de ſa circonference, à cauſe de l'extrême rapidité où elle ſeroit continuellement, ny que ſa maſſe ſolide puiſſe entraîner un tourbillon, & encore moins qu'un tourbillon puiſſe entraîner cette maſſe.

A l'égard des parties cannelées venant du Firmament, qui la traverſent diametralement, & la font incliner ſuivant l'Ecliptique ; j'avouë que ces atomes subdivisez en tant de parties, des raclures du second element qui sont crochus, faits en vrilles, pointus, longs & de toutes figures, font peine à mon imagination, & sont au dessus de sa portée.

La verité & la simplicité me conduisent : ce qu'il faut trop developper me rebutte ; quand même mon esprit se fait chercher, j'attens qu'il soit plus traitable ; & j'ay besoin que celuy des autres se présente à moy. Alors je redresse ma raison par une plus claire ; mais j'ay de la peine à l'humilier que pour ma Religion. Un Auteur qui me dit de le lire & relire, me ferme sa porte ; par exemple, j'admire Corneille, j'aime Despreaux, Moliere me fait plaisir, & la Bruyere m'amuse parce que j'entre chez eux facilement & familierement.

Il n'est rien où la puissance de Dieu soit plus admirable dans la construction de l'Univers, que lors qu'il a créé le Soteil, dans lequel l'Ecriture dit qu'il a posé son Trône. Cet Astre en effet peut estre consideré comme le premier agent visible de la divinité, qui par son mouvement, sa châleur & sa lumiere, anime, nourrit, & éclaire toute la nature par les douces influences qu'il attire, par les vapeurs & les exhalaisons qu'il éleve, qu'il purifie, & qu'il répend sur la Terre; il fait faire une circulation continuelle à la matiere, & y renouvelle cette premiere impulsion secrette que Dieu a donnée à toutes les semences pour leur regeneration.

Tous les Estres semblent luy rendre hommage en s'inclinant naturellement de son costé: Leur bonté & leur beauté sont proportionnées à son aspect, plus ou moins favorable; les Astres en tirent leur splendeur, la Terre en est plus ou moins fertille & agréable; les Hommes, les Animaux, les Plantes & les Mineraux s'en ressentent: Enfin par sa présence les fruits & les fleurs reçoivent leurs degrez de maturité, & cette agréable diverſité de figures, de couleurs & d'odeurs.

Ce fait que perſonne ne ſçauroit ignorer peut facilement faire comprendre que le Globe de la Terre doit avoir cette diſpoſition & cette inclination naturelle, puiſqu'il eſt ſi ſenſiblement marqué dans les Plantes & dans les Fleurs; ce qui frappe dautant plus, qu'il eſt ſoûtenu flottant au milieu de l'air dans un parfait équilibre; en ſorte que la ſeule attraction que le Soleil fait des vapeurs & des exhalaiſons, paroiſt plus que ſuffiſante pour la faire incliner. Il eſt encore à préſumer, que ſans ces moyens Dieu luy a donné cette vertu, & limité ſes periodes, pour tirer par l'aſpect du Soleil les ſecours neceſſaires, & la nourriture de ſes Habitans.

Pour établir mon Siſteme, je croy que le Soleil tourne d'Orient en Occident ſur la Ligne Equinoxiale, par un mouvement ſimple, égal & continuel, qu'il fait ſon tour en vingt-quatre heures ſans incliner, decliner ny retrograder; & que la Terre ſoûtenuë au milieu de l'air, s'incline à peu prés la quatriéme partie d'un degré par jour, ce qui fait cinq lieuës ou environ chaque vingt-quatre heures pour parcourir l'eſpace du Zodiaque; & pendant le cours de l'année faire l'égalité & inégalité des jours & des nuits, ſuivant ce mouvement ou balancement de la Terre, & ſes differentes Regions; ce qui ſera démontré par la figure ſuivante.

Le Carton mobil repreſente le Globe de la Terre, qui s'incline ſuivant l'indice marquée par une Fleur de Lys.

Lorque cette Fleur de Lys eſt perpendiculairement ſous la Ligne Equinoxiale marquée B, c'eſt l'Equinoxe de Mars, où les jours ſont égaux aux nuits, tant ſur l'un que ſur l'autre Hemiſphere.

Lors qu'elle eſt inclinée juſques à la Ligne A, c'eſt le Solſtice d'Eſté à noſtre égard qui fait le plus long jour ; en ſorte que la partie du Nort de noſtre Hemiſphere marquée D, s'y trouve éclairée, & celle qui eſt ombrée E à noſtre égard, eſt éclairée à nos Antipodes douze heures aprés.

Lors que la Fleur de Lys eſt retournée en B, c'eſt l'Equinoxe de Septembre ; & continuant ſon chemin juſques au point C, c'eſt le plus court jour à noſtre égard, & le plus long à nos Antipodes ; ce qui fait préciſément le même effet par le mouvement de la Terre, que par le Siſteme de Ptolomée, ſuppoſant le Soleil ſuivre l'Ecliptique ; & même par celuy de Copernic, ſuppoſant le Soleil fixe, & la Terre faiſant ſon tour en vingt-quatre heures, & un double mouvement d'inclinaiſon.

Il paroiſt difficile de comprendre ſur quoy on a fondé l'opinion, qu'il y a dans les parties du Nord D E, ſix mois de nuit continuelle, & ſix mois de jour, cette demonſtration en doit deſabuſer, & faire comprendre que cela n'eſt pas poſſible.

Si ſuivant Ptolomée la Terre étoit immobile au centre de l'Univers, la fleur de Lys en B, & le Soleil ſuivant l'Ecliptique lors qu'il eſt au Solſtice d'Eſté A, ſur noſtre Hemiſphere, il éclaire la partie du Nord E par la ligne AM; & 12. heures aprés étant diametralement oppoſé, il éclaire la partie D par nos Antipodes, de A A à H, lors qu'il eſt à noſtre Solſtice d'Hyver C, il éclaire la partie D par C K, & par oppoſition douze heures aprés il éclaire la partie E à nos Antipodes de CC à N, ce qui ne peut eſtre autrement.

Si on ſuppoſe que la Terre s'incline devant le Soleil, ſuivant ce Syſteme, ſur ſes Poles particuliers du Levant au Couchant, par un ſimple balancement, comme il paroiſt plus vray-ſemblable, que de la faire tourner continuellement de neuf à dix mil lieuës chaque vingt-quatre heures ſur un axe chancelant.

Lors que la fleur de Lys regarde le Solſtice A, le Soleil éclaire la partie D, ſuivant la Ligne B K; & lors qu'elle eſt au Solſtice d'Hyver C, il éclaire la partie E, ſuivant la Ligne B M, & fait toûjours la même choſe douze heures aprés par opposition à nos Antipodes : en ſorte qu'il eſt inconteſtable que ces peuples ont preſque continuellement la vûë du Soleil alternativement ſur un Hemiſphere & ſur l'autre, à la reſerve du temps des Equinoxes, qui leur donne une crepuſcule de peu de jours, ce qui leur fait deux longs Eſtez & deux courts Hyvers pendant l'année; & que le Soleil leur tourne orizontalement, & paroiſt s'élever en Ligne ſpiralle juſques au Solſtice, & s'abaiſſe de même juſques aux Equinoxes, ce qui paroiſt le faire retrograder. Au lieu qu'il tourne verticallement sur la teste de ceux qui sont sous la Ligne, où les jours sont toûjours égaux aux nuits, & tourne obliquement à nostre égard ; ce qui fait les jours differens des nuits à proportion de nostre élevation : C'est le même effet à l'égard du Sisteme de Copernic. La Terre tournant en 24. heures, & s'inclinant devant le Soleil dans l'espace du Zodiaque ; le Soleil qui chemine à nostre égard de gauche à droit, & de droit à gauche à ceux qui sont de l'autre costé de la Ligne, fait la même chose à nos Antipodes sous une même Lattitude, soit qu'on suppose le Soleil cheminer suivant l'Ecliptique au dire de Ptolomée, ou que ce soit la Terre qui s'incline, ou que le Soleil soit immobile suivant Copernic, ces Peuples ont deux Orients differens, comme ils ont deux Estez. Lors que la fleur de Lys est au Solstice de nostre Esté A, ces Peuples en D le voyent tourner comme nous de gauche à droit ; & lors que la fleur de Lys est au point C, la même partie D, étant éclairée par l'autre Hemisphere A A, par H, ces Peuples voyent cheminer le Soleil par opposition, en le regardant de l'autre costé ; & aprés les crepuscules ils commencent à appercevoir ses rayons s'élever du même costé où ils s'étoient couchez ; ce qu'il est facile de comprendre par cette demonstration, & que la même chose arrive à la partie E également. Le mouvement de la fleur de lys est renfermé dans l'espace du Zodiaque entre A & C, & fait sur la superficie de la Terre 1125. lieuës en 365. jours, qui font trois lieuës un douxiéme chacun 24. heures.

Plus on approche des Poles plus ces effets y sont apparens, mais Le Soleil y est si bas qu'il n'y luit gueres qu'aux environs des Solstices, les Mers Glaciales et les Neiges y causant des brouillards continuels si epais et si noirs qu'il y fait nuit longtemps avant et aprés les Equinoxes, ce qui peut avoir fait croire qu'il y a Six Mois d'absence du Soleil, quoy que cela ne paroisse pas possible.

Dé

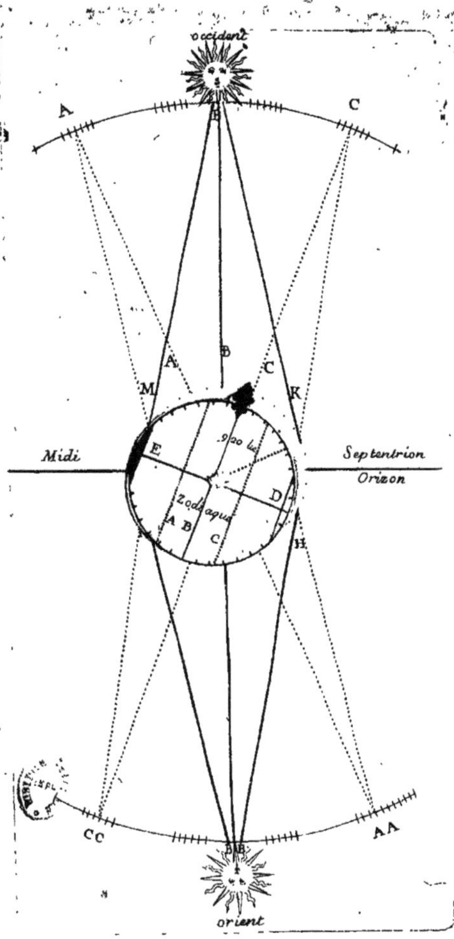
occident
A
B
C
M
K
Midi
Septentrion
Orizon
E
D
H
CC
AA
orient

De quelque figure que soit la terre, il est certain qu'elle est comme flotante au milieu de l'air, & qu'elle n'y sçauroit estre que dans un tres-parfait équilibre, en sorte que la moindre impulsion est capable de la mettre en mouvement. Il est aussi tres-certain que les vapeurs qui s'élevent des parties du Nord D, étant attirées par le Soleil sur nostre Hemisphere, & celles de la partie E douze heures aprés à nos Antipodes, la Terre se trouve continuellement attirée du même côté sur toute la longueur de son demy diametre ; ce qui peut faire comprendre assez naturellement cette attraction plus que suffisante pour la faire incliner ; aprés quoy les eaux soûterraines étant en mouvement, & cherchant à remplir certaines concavitez, peuvent la faire incliner jusqu'à ce que ces cavitez soient remplies ; & ensuite retournant pour se remettre à leur équilibre, la faire incliner de l'autre costé un peu au-delà de cet équilibre, par leurs propres impulsions, comme le mouvement d'un Vaisseau qui chemine encore les voiles baissez ; ou comme un Balancier mis en mouvement : Et le Soleil recommençant à paroistre de l'autre costé, continuant son attraction, peut causer ce balancement periodique & continuel à la terre. Si on établit une proportion au balancement de la Terre avec celuy du Balancier d'une Pendule, qui fait chaque seconde une vibration, on trouvera que celuy de la Terre est beaucoup plus lent à proportion de la longueur de son demi diametre. Cette idée m'a paru assez vray-semblable pour l'exposer, aprés quoy il faut referer tout au Createur.

De dire que le Soleil n'attire pas, c'est à peu prés dire qu'il n'éclaire ny n'échauffe pas. Lorsqu'on moüille une planche, & qu'on l'expose au Soleil ou au feu, elle se renfle du costé exposé à la chaleur ; & il paroît plus naturel de croire que cette chaleur pour attirer les parties humides de l'eau qui sont dans la planche, en attire même les parties du bois ; que de dire que les parties de l'air par sa pesanteur poussent par derriere cette planche pour en faire sortir les parties de l'eau ; ce qui n'arriveroit pas si la planche n'étoit exposée à la chaleur du Soleil ou du feu : & ce qui devroit arriver si ce n'étoit pas un effet de cette attraction.

Ce Sisteme paroît dautant plus vraysemblable, qu'il est simple, naturel & facile à comprendre, & suivant la Sphere artificielle ordinaire, à la seule reserve de l'obliquité du Soleil sur l'Ecliptique ; ce qui ne sçauroit causer aucune difficulté ny changement dans les Phœnomenes : & il est plus naturel de croire, que la Terre pendant le cours de l'année s'incline de trois lieuës un douziéme par jour du costé du Soleil, que de faire

faire au Soleil un double mouvement oblique de plus de 30. millions de lieuës, qui paroît absolument contre raison & contre nature.

Ceux qui prétendent qu'il est fixe au centre du monde, disent qu'il ne luy seroit pas possible de fournir une si vaste carriere dans 24. heures.

C'est vouloir limiter le pouvoir de Dieu : comme il est facile de faire connoître par experience un mouvement beaucoup plus prompt que celuy d'un boulet de Canon, il sera aussi facile d'en faire connoître un par demonstration Mathematique d'une vîtesse égale à celle du Soleil, & même infiniment au-delà ; & il n'est pas permis de croire que les hommes puissent donner & comprendre une demonstration certaine fondée en raison de nombres, qui peut fixer la puissance de Dieu ; ce seroit au contraire étendre la connoissance de l'homme au-delà de cette Toute-puissance : heresie

& absurdité affreuse à penser.

Pour en faire la demonstration, & rendre la chose intelligible, il faut sçavoir qu'un boulet de canon fait 100. toises de chemin par secondes, qui seroit 6000. toises en une minute, si son impulsion pouvoit continuer, & à proportion; plusieurs experiences en ont assuré.

Supposé une rouë A comme celle d'un Coustellier, de deux toises de diametre, qui font six toises de circonference à peu prés; que deux hommes luy fassent faire un tour chaque seconde, comme il seroit facile, qu'elle fasse tourner la poulie B qui n'aura que sept pouces de circonference, en sorte que la corde fasse faire chaque toise de long dix tours à la poulie; il n'est rien de plus claire que cette poulie fera 60. tours par chacun de la rouë qui aura six toises : si à cette poulie est attaché un fil de fer de deux pieds de long du centre, qui fera deux toises de circonference, & qu'il y ait une balle de plomb au bout C, la poulie faiſant 60 tours, la balle fera 120. toiſes de chemin chaque ſeconde, qui feront 7200. toiſes par minutte, par conſequent douze cent toiſes plus que la viteſſe d'un boulet de canon en une minutre : Cette experience ſe fait journellement par proportion en mille endroits.

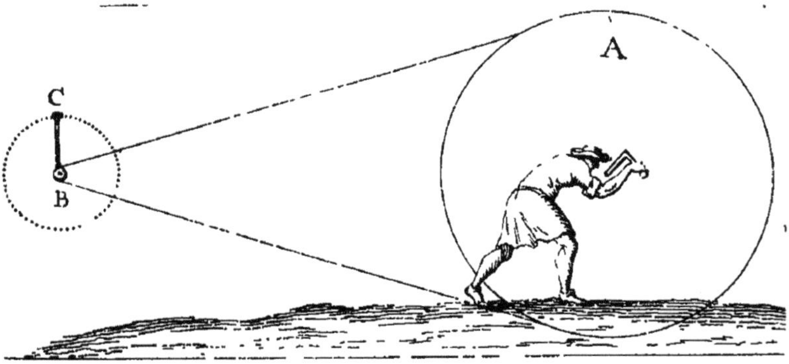

Pour luy donner par demonſtration un mouvement égal à celuy du Soleil de deux cent ſeize millions de lieuës en 24. heures.

Il faut ſuppoſer la rouë A d'une lieuë

de circonference qui font 2500. toiſes, & la poulie B d'une toiſe, cette poulie feroit certainement 2500. tours par un de la rouë; ſi la balle fait une lieuë de circonference, ce ſera 2500. lieuës par ſeconde.

2500. lieuës par ſeconde.
60 ſecondes par minutte.

En une minutte 150000. lieuës.
60. min. par heure.

En une heure 9000000. de lieuës.
En 24. heures.

36000000.
18000000.

216000000.

Deux cens ſeize millions de lieuës en 24. heures, même viteſſe que le Soleil.

On peut juger que cette demonſtration de viteſſe peut aller infiniment au-delà de celle du Firmament: Et je repete, qu'il n'eſt pas permis de penſer que le pouvoir de Dieu puiſſe eſtre limité où la demonſtration eſt ſi ſenſible ; ainſi c'eſt une erreur de croire que le Soleil ſoit fixe à cette conſideration.

L'experience fait connoiſtre que l'air agité avec violence, s'enflâme ; ce qui peut faire comprendre que le mouvement du Soleil entretient ſa chaleur, & ſa lumiere. En quelque admiration que l'on puiſſe eſtre de cette extrême viteſſe, ſes qualitez occultes ſont infiniment plus ſurprenantes, n'étant ny comprehenſibles, ny ſuſceptibles d'aucune demonſtration.

Dieu a non ſoulement reglé & perpetué le mouvement de ce grand Aſtre, nonobſtant ſon extrême rapidité ; mais il luy a donné la vertu de raſſembler en tant de millions d'endroits dequoy répandre ſur la Terre ces douces roſées ſi neceſſaires, avec cette inclination ſecrete d'entrer dans les racines des plantes, & à ces racines celle de les attirer, comme autant de petites bouches qui ſucent ce laict, & qu'elles inſinuent par leurs fibres & par leurs veines, en ſeparant ce qui eſt propre à chaque partie pour faire les bois, les feüilles & les fleurs, & produire les fruits, qui outre leur utilité, ſervent de précieuſes enveloppes aux graines pour la conſervation de chaque eſpece : Et il eſt à croire, que ſi le Soleil étoit fixe, ſes effets étant déterminez d'un même point, produiroient toûjours ſur les corps de menus effets ; au lieu que ſon mouvement agitant diverſement les parties de l'air, cauſe cette diverſité ſurprenante qui fait toute la beauté de la nature ; en ſorte qu'une feüille eſt differente de toutes les feüilles de ſon eſpece, & une herbe differente de toutes les herbes.

On ne doit pas douter que toute la nature ne ſoit en mouvement par celuy du Soleil. Les atomes en particulier, & l'air en general, par une circulation continuelle qui le renouvelle ; la respiration dans l'animal entretient le battement du cœur, qui fait le mouvement du sang dont les parties se separent aussi chacune à ce qui luy est propre pour faire les os, les nerfs, les cartillages & les chairs ; & dispose dans toutes les especes differentes comme autant de petites forteresses à chaque animal pour la conservation de leur semence, à qui la Providence a départy cette vertu secrette de ressemblance & d'aptitude à sa conservation. Les mineraux se font par le même principe ; & l'on ne sçauroit imaginer, pour former le diament dans le sein de la Terre, qu'un mouvement relatif des parties de l'eau qui la rassemble, la condence & la durcit peu à peu.

Il est certain que les eaux entourent toute la Terre, dont nous croyons la masse en general estre de figure ronde, extrémement inégale, raboteuse & bizare à son exterieur ; ce qui en est caché ſous les eaux, comme ce qui nous en paroiſt au deſſus ; & qu'il y a ſous ces eaux de tres vaſtes campagnes, & des eſpaces comme les plaines de Champagne & de Beauce, & d'autres montagneuſes comme les Alpes & les Pyrennées : que toute cette maſſe ou globe de la Terre, couverte en partie des eaux, en eſt ainſi imbibée comme une éponge ſelon ſes qualitez ; puiſqu'il n'eſt lieu au monde où on ne puiſſe en trouver à force de creuſer, comme il n'eſt point de mer ſi profonde dont on ne puiſſe trouver le fonds.

Tous les corps, les plantes & les animaux étant pourvûs de pors, de fibres & de veines, il eſt vray-ſemblable, & l'on peut dire tres-vray, que le Globle de la Terre eſt auſſi percé à une infinité d'endroits par des concavitez, des abîmes & des canaux plus ou moins grands, au travers deſquels il ſe fait par les eaux une circulation continuelle, outre celle de dessus, les sources qui se communiquent par le dessous des Montagnes, des Rivieres & des Mers, le font connoître ; il ne faut pas douter que ces concavitez ne servent aussi à en disposer les flux & reflux, & les courans qui se rencontrent dans les grandes Mers, quelquefois tres-opposez, où les Marains sont souvent trompez : & que les vents qui s'engouffrent dans ces concavitez, & ceux qui sont engendrez par les vapeurs, joints aux mouvemens de ses eaux en lavent & dissolvent certaines parties qui en détachent d'autres, & causent par leurs chûtes les secousses & les tremblemens de terre, & entraînent quelquefois dans ces abîmes des Provinces & des Villes avec des bruits, des mugissemens & des tonneres épouvantables, & souvent des feux qui se perpetuent selon la matiere des terrains plus ou moins combustibles, comme il se voit en Cicile, en l'Isle de Spitebergue, & en plusieurs autres endroits où il y à des Montagnes & des abîmes d'où les flâmes ſortent continuellement.

Inſenſiblement d'une reflexion à l'autre j'ay été conduit à ce petit Ouvrage. Ayant jugé que eaux ſoûterraines pouvoient, comme j'ay dit, faire incliner le Globe de la Terre par un mouuement periodique, ſecouruë par l'attraction du Soleil comme premier mobile, & par un balancement naturel, & des voyes diſpoſées de certaines manieres, les faire retourner comme le mouvement d'une orloge : Mais enfin conſiderant la merveilleuſe diſpoſition du monde, & que le Createur a donné à toutes les creatures de quoy ſe conſerver ; je croy que ſans ces ſecours il a donné à la Terre cette impulſion pour s'incliner du coſté du Soleil, comme lorſqu'il a dit *fiat lux*, il a donné le mouvement, la chaleur & la lumiere au Soleil.

Pour faire ſuivant mon idée un Globe

de la Terre, je l'imagineray de deux cent toiſes de diametre, c'eſt à dire, ſix fois auſſi gros que les tours de Noſtre-Dame de Paris ont d'élevation; en ſorte qu'un grain de bled au deſſus fut proportionné au Mont Valerien, afin que ces deux objets que l'on voit à même-temps, puiſſent former une idée de proportion.

Je ſuppoſeray la ſupperficie convexe de ce Globe eſtre de cire, pour y former & élever des Montagnes, & ce qui découvre des partie de la Terre proportionnée à leur élevation, avec les pentes des grandes Rivieres autant que faire ſe pouroit, & en creuſer les endroits des Mers, des Golphes & des Lacs à peu prés ſuivant leurs profondeurs, en obſervant les principales Iſles. On doit penſer par cette proportion de deux cent toiſes à un grain de bled; qu'en creuſant les parties des Mers 24. fois auſſi profondes que la hauteur du Mont

Valerien, ce ne feroit que d'environ 24. grains de bled, qui font à peu prés 24. lignes ou deux pouces ; & fuppofant que ces parties fuffent effectivement remplies d'eau, il eft certain que toutes leurs furfaces feroient unies à leur orizon perpendiculairement fur fon centre : Je ne crois pas qu'elles puiffent eftre imaginées autrement à l'égard de Globe de la Terre ; à l'égard des grandes Mers, comme la Pacifique, l'Atlantique, & l'Ethiopienne, il eft certain qu'elles fuivent la difpofition des terres de leur fonds, & qu'à proportion de leur étenduë ; & qu'elles font plus ou moins retenuës par les Ifles, & refferrées par le terrain felon auffi que les eaux en font plus ou moins profondes ; elles en font plus dormantes, & les courans moins violens. Quoy que dans ces Mers on parcoure de grandes étenduës fans trouver de terre découverte, il eft certain qu'il y a des millions d'endroits où il ne fe trouve que tres-peu d'eau ; ce qui fait le même effet que si c'étoit des Isles, ou que la terre fut découverte. Il faut croire que ces grandes étenduës de Mer forment un Globe en general, qui suivent les parties de la Terre dont elles sont soûtenuës, & que chaque espace renfermée & resserrée suivant son étenduë, forme une surface unie à son orizon, perpendiculairement au centre du monde ; & que tous ces espaces ne soient comme le dessus d'une orange, dont on auroit coupé plusieurs sections, d'où les eaux s'écoulent de l'une à l'autre, suivant cette disposition, & qui sont diversement & facilement agittées selon les vents & les courans soufterrains.

J'ay crû devoir donner une figure de ce Globe tel que je l'imagine, par un Planisphere coupé au milieu de la ligne Equinoxiale, veuë du Pole Arctique du premier Meridien, chaque degré ayant 25. lieuës, sa division étant de dix en

dix

dix degrez, ſera de 250. lieuës ; quand on ſuppoſeroit que la diſpoſition des terrains & des Iſles retiendroit l'eau de niveau dans de pareilles eſpaces plus ou moins, elles peuvent eſtre facilement compriſes unies & de niveau orizontalement & perpendiculairement ſur le centre du Monde.

A Le centre du Monde.

B Premier Meridien.

B C Ocean Ethiopique.

C Cap blanc à 6. degrez Sud, où commence l'Amerique Meridionale.

D Riviere des Amazones.

E Cap de Panama.

CDE Continent de l'Amerique.

E F Eſtenduë de la Mer Pacifique depuis le Cap de Panama, juſques vis à vis l'Iſle du Nom de Jeſus.

F G Suite de la Mer Pacifique, remplie d'une infinité d'Iſles, Terre des Papons, & nouvelle Guinée.

GH Les Philippines & les Moluques.

H Isle de Borneo.

I Isle de Samatra, Détroit de la Sonde, de Batavia, Environs du Royaume de Siam.

IK Golphe de Beugala, Isle de Celian, les Maldives.

IKL Golphe de Perse, & Mer Orientale.

L Coste d'Enguebar & Dajan.

LM Continent de l'Affrique.

M Isle de Saint Thomas.

MB Coste de Guinée, à cinq ou six degrez de Lattitude Septentrionale.

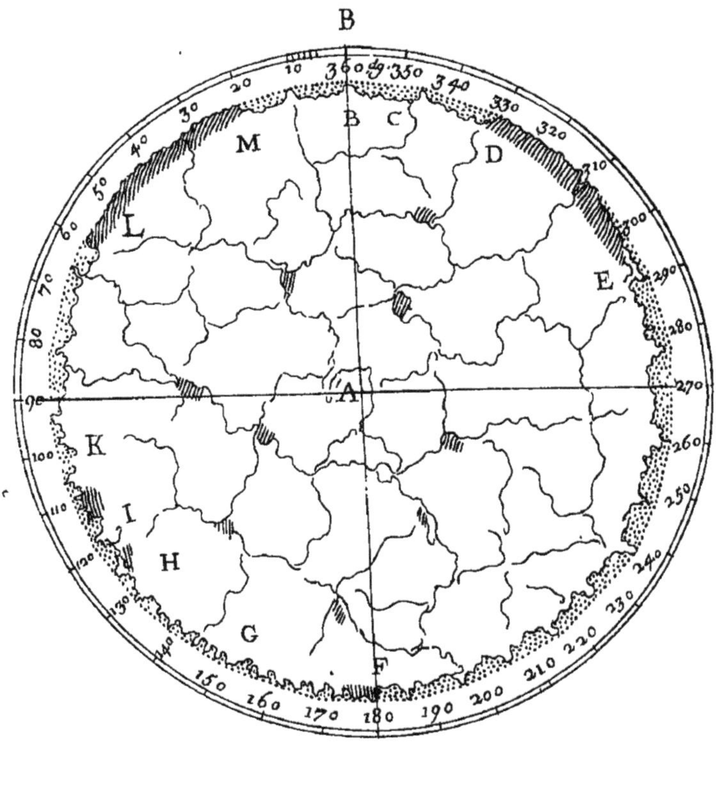
B
B
C
D
E
F
G
H
I
K
L
M
A
10
20
30
40
50
60
70
80
90
100
110
120
130
140
150
160
170
180
190
200
210
220
230
240
250
260
270
280
290
300
310
320
330
340
350
360

Si on considere la disposition des terrains de chaque partie du Monde, on ne sçauroit douter que la Suisse ne soit le plus élevé de l'Europe par les sources qui sortent des Montagnes qui l'environnent; comme le Rhin; la Mozelle, la Saulne, le Doux, le Rhosne; le Po, & le Danube; dont le cours est d'environ 500. lieuës jusques à la Mer Noire; supposé qu'il aye une toise de pente par lieuë; qui feroit une extrême rapidité; ce ne seroit que 500. toises : & si on supposoit 50. Montagnes l'une sur l'autre comme le Mont Vallerien, pour composer en Suisse la Montagne d'où sort la source du Danube, le sommet n'en peut estre élevé d'une lieuë perpendiculairement au dessus de la Mer Noire, où elle tombe proche de Constantinople.

On doit par la même raison juger, que le terrain le plus élevé de l'Affrique, est aux environs des Sources du

Niger & du Nil, qui ont chacun mil ou douze cens lieuës de cours ; par même proportion en ſuppoſant à leurs ſources pareille élevation de Montagnes, la plus haute ne pourroit eſtre élevée d'une lieuë & demie au deſſus de la Mediterrannée, qui reçoit la chûte du Nil, & les eaux de la plus grande partie de l'Europe par la Mer Noire, où ſe déchargent le Volga, le Nieper & le Danube.

Il eſt certain que la Mediterranée eſt un grand canal entre l'Europe & l'Afrique, qui en reçoit toutes les eaux, & qui les reportent dans l'Ocean, pour continuer leur circulation, & reprendre ce ſel vegetal que la Providence a donné à l'eau de la Mer, pour ſa conſervation ; qui eſt derechef relevée & répanduë ſur la Terre pour ſon aliment, & pour y entretenir cet eſprit vegetal dans toutes les ſemences.

Ce qui ſe fait à la Mediterranée à l'égard des Eaux de l'Europe & de l'Affrique, se fait dans chaque Province, où les ruisseaux & les eaux pluviales tombent dans les Rivieres, & de là à la Mer, soit qu'elles coulent sur Terre, ou qu'elles soient imbibées dedans pour la nourriture des plantes, dont le surplus la penetre, & tombe au travers de ses pors, jusqu'à ce qu'elles en trouvent de qualité à les soûtenir comme de la glaise, ou autre, sur lesquelles elles coulent & s'échapent par une infinité de petits rameaux, & se rassemblent pour former les sources, qui augmentent & diminuent à proportion des saisons plus ou moins pluvieuses, & suivant la nature des terrains où elles passent, elles en retiennent souvent les qualitez ; & lorsqu'elles tombent au dessous de ses terrains, elles penetrent jusqu'à la profondeur, où la terre est imbibée, & rentre à son centre ; & continuant sa circulation par une infinité de petits conduits à de plus gros, & de là dans ces cavitez ; comme le ſang des plus petites parties de l'animal retourne continuellement dans les plus gros vaiſſeaux.

Je laiſſe aux habiles qui ſont en droit de s'élever au deſſus du Firmament, à parcourir ces grands eſpaces, meſurer la diſtance des Eſtoilles, en faire autant de Mondes, & auſſi differens en eſpeces & en figures, qu'elles ſont en nombre ; regler le mouvement des Planettes, & leur attribuer telles qualitez qu'ils jugeront à propos. Il ſeroit à ſouhaiter que pluſieurs fuſſent conformes en opinions ſur cette matiere, pour y établir un vray-ſemblable ſuperieur. A mon égard j'abaiſſe mon eſprit autant que ces objets ſont au-deſſus de ma vûë: & je m'aneantis en tremblant ſur l'idée de leur Auteur. J'avouë que je ne puis juger de rien que par les ſens ; & il me ſemble que les hommes ne ſçauroient ſe figurer la grandeur ny la bonté de Dieu même, que par rapport à ce qu'ils voyent qui leur est si incomprehensible, & au bien qu'il leur répend sur la terre si abondamment & si reglément.

L'idée de ce petit Ouvrage seroit de concilier les opinions opposées de Ptolomée & de Copernic, ou du moins d'en ouvrir le chemin. Je m'accommode avec le premier sur le mouvement diurnal du Soleil tel que je le vois, en évitant l'obliquité & la retrogradation.

Suivant aussi Copernic je laisse tourner la Terre, mais par un mouvement moins violent, & seulement d'un degré de 25. lieuës par jour; en sorte qu'elle ne fait son tour de 9000. lieuës qu'en un an, au lieu que Copernic luy fait faire en 24. heures; & j'évite son grand mouvement annuel autour du Soleil de 600000. lieuës chaque jour: & par une douce inclinaison que je donne à la Terre en forme de balancement, elle suit l'Ecliptique, & traverse le Zodiaque deux fois l'an; ce qui répand la lumiere sur toutes les parties du monde, à peu prés suivant les deux opinions.

Si ſuivant celle de Ptolomée le Soleil tourne en viſſe, cette viſſe étant abſolument plus groſſe au milieu qu'en ſes extrémitez; ce mouvement repugne à la raiſon & aux regles de Mecanique : Il faut de neceſſité ſuppoſer une corde tournée autour de cette viſſe comme celle d'une toupie, le long de laquelle le Soleil tourne, ou y ſoit enfilé, & faſſe le chemin de 365. fois, 216. millions de lieuës chaque revolution annuelle; il me paroiſt encore un étrange obſtacle de le faire retourner contre ſon propre mouvement, en alongeant & racourciſſant ſa route chaque jour, & continuellement.

Fig. 1.

Suivant Copernic, on doit comprendre ſon Siſteme par la figure d'une meule de moulin, dont le Soleil eſt l'axe, & le corps de cette meule la matiere celeſte de M. Deſcartes, ſur laquelle la Terre tourne comme une piroüette qui fait 9000.l.en 24. heures en s'inclinant de coſté & d'autre ſur ſon pivot; pendant lequel tems de 24.h.

elle eſt emportée de 600000. lieuës par cette meule ou matiere celeſte, pour faire ſon tour annuel devant le Soleil de 216. millions de lieuës, ſuivant les ſupputations Aſtronomiques. *Fig.* 2.

Il me paroiſt plus naturel que le Soleil faſſe ſon tour en 24. heures comme une ſimple rouë, & que la Terre en eſt retirée, ou qu'elle ſuit le Soleil avec les fleurs, les plantes, les vapeurs & les exhalaiſons, de 25. lieuës chaque jour, pour faire ſon tour en un an; & par ce balancement periodique, ſuivant ma demonſtration, elle ſe préſente au Soleil dans l'eſpace du Zodiaque par l'Ecliptique, & ſuppléé à la retrogradation du Soleil de Ptolomée. *Fig.* 3.

Voicy un troiſiéme Siſteme.

Plûtoſt que d'admettre au Soleil ce grand mouvement de Ptolomée en double ſpirale conique, & pour accorder la lumiere ſuivant toutes les opinions; il ſeroit plus naturel de croire que le Soleil fait ſimplement ſon tour ſur la ligne Equinoxiale, comme je le propoſe, & que la Terre eſt elle est emportée de 600000. lieuës par cette meule ou matiere celeste, pour faire son tour annuel devant le Soleil de 216. millions de lieuës, suivant les supputations Astronomiques. *Fig.* 2.

Il me paroist plus naturel que le Soleil fasse son tour en 24. heures comme une simple rouë, & que la Terre en est retirée, ou qu'elle suit le Soleil avec les fleurs, les plantes, les vapeurs & les exhalaisons, de 25. lieuës chaque jour, pour faire son tour en un an; & par ce balancement periodique, suivant ma demonstration, elle se présente au Soleil dans l'espace du Zodiaque par l'Ecliptique, & suppléé à la retrogradation du Soleil de Ptolomée. *Fig.* 3.

Voicy un troisiéme Sisteme.

Plûtost que d'admettre au Soleil ce grand mouvement de Ptolomée en double spirale conique, & pour accorder la lumiere suivant toutes les opinions; il seroit plus naturel de croire que le Soleil fait simplement son tour sur la ligne Equinoxiale, comme je le propose, & que la Terre est

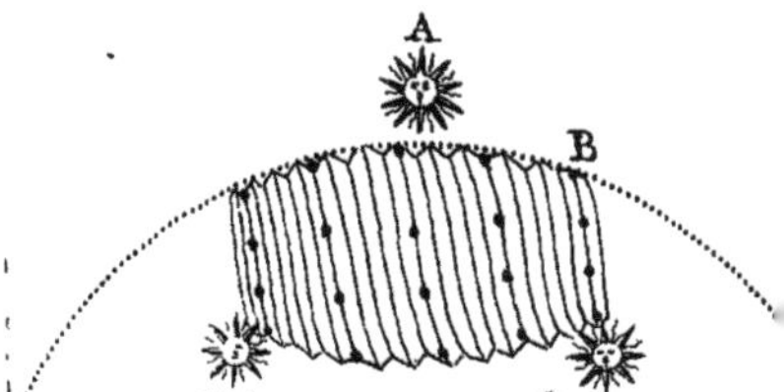

Selon Pt. 1ere figure

Il faut que le Soleil en parcourant cette visse de 216 milions de lieu en 24 heures alonge et racourcise continuellemt sa route suivant le point de cette demonstration, ce qu paroist absurde et contre nature

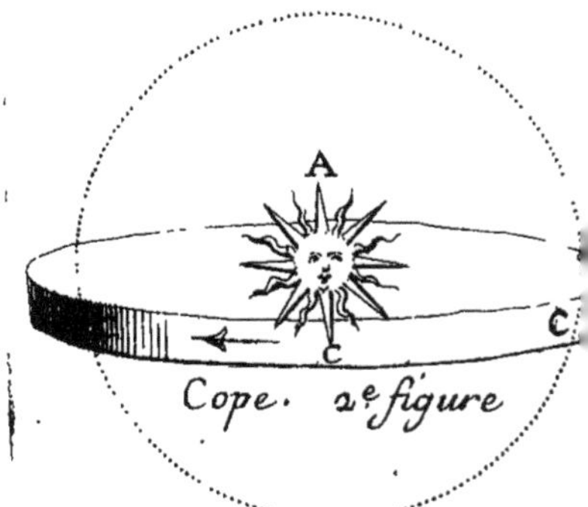

Cope. 2e figure

A. le Soleil fixe au centre du mo
B. la terre qui tourne de 9000 li en 24 heures devant le Soleil su son axe particulier en s'inclina de costé et d'autre.
CCC. corps de la meule qui rep sente la matiere celeste qui tour autour du Soleil en un an et em la terre de 600 mil lieuës par jou

P. G. F.

filée dans ſon axe, au long de laquelle e coule d'un bout à l'autre dans l'eſpace Zodiaque, attirée alternativement par aimans des Pôles, & qu'elle tourne dans s axes en ſuivant le Soleil d'un degré de lieuës par jour pour faire ſon tour en an; ce qui accorde les deux Siſtemes en rtie, fait l'effet de la viſſe de Ptolomée, répand la lumiere ſuivant l'opinion ge- :rale.

Quoique la premiere de ces trois opi- ons ſoit la plus ſimple, je n'eſpere pas ı'elle ſoit reçûë que comme une idée ouvelle & curieuſe par rapport aux ffets de la lumiere, qui neanmoins pou- oit eſtre poſſible par la certitude de ſa emonſtr[illegible]on.

Vrai-ſemblablement la ſeconde opinion oura avoir quelque approbation, ſi on ai- reflexion, que Dieu ayant attribué aux arties ſolides de la matiere premiere, la aculté de deſcendre, les a raſſemblées au entre du monde, dont il a formé le Globe le la Terre; & qu'il n'eſt pas poſſible de

3e f. opinion de l'auteur

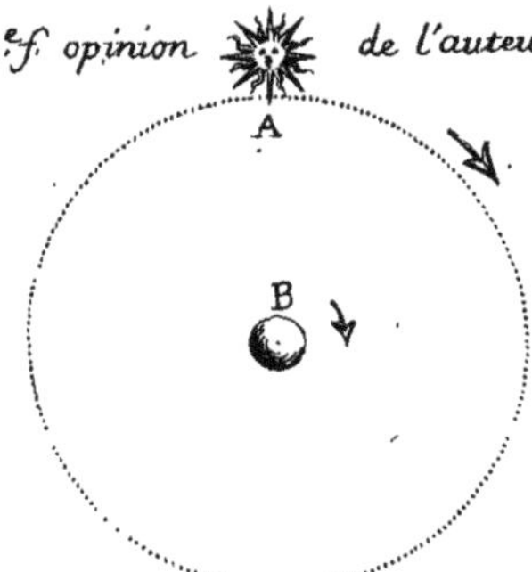

A. le Soleil qui fait son tour sim- plement en vingt quatre heures
B. la terre au centre du monde ap- puiée sur ce seul point suit le Soleil d'un degré par jour et s'incline du quart d'un degré alternativement par un mouvement periodique sans estre deplacée de son centre.

4e fig. autre idée

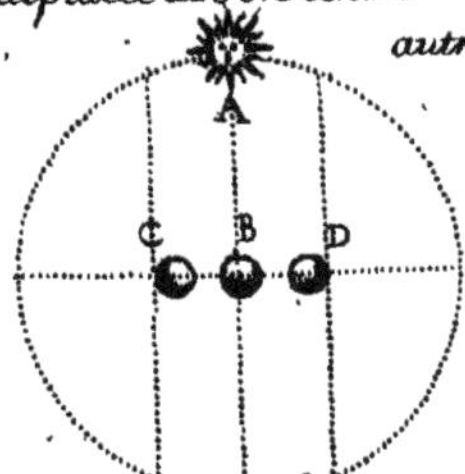

A. le Soleil faisant son tour en 24 h.
B. la terre sous le Soleil aux equinoxes.
C D. la terre portée le long de son essieu alternativement sous les Solstices et suivant continuellemt. le Soleil d'un degré par jour de 25 lieuës pour acorder la lu- miere a Ptolomée, et a Copernic en fixant le Soleil et faisant tourner la terre cha- que 24 heures.

P.G.F.

considerer ce Globe que comme le genoüil d'un instrument de Mathematique, dont tous les mouvemens roulent sur le centre:& il me semble que c'est contredire sa raison, que de croire que cette masse est emportée par les parties subtiles de l'air, de 600000. lieuës en 24. heures.

Le feu a pour propre l'activité, le Soleil ne peut estre consideré que comme un Globe de feu; par consequent il est plus naturel de lui laisser le grand mouvement, que de l'attribuer à la Terre, & il est facile de comprendre que ce Globe, par comparaison au genoüil, tourne en s'inclinant sur son centre; au moyen de quoy elle suit le Soleil, & regarde l'Ecliptique suivant les deux opinions, par son tour annuel.

Si on y fait reflexion sans prévention, j'espere qu'il sera trouvé plus simple, plus naturel, & du moins aussi vrai-semblable qu'aucun autre, en s'accommodant à l'Astronomie.

La troisiéme s'accommode aux deux opinions pour les effets de la lumiere; sçavoir, selon Ptolomée, le Soleil faisant son tour ſimple en 24. heures, & la Terre roulant le long de ſon eſſieu, & ſuivant le Soleil de 25. lieuës dans le même temps ; & à Copernic le Soleil étant fixe, & la Terre faiſant le même mouvement le long de l'eſſieu, & y faiſant ſon tour particulier en 24. heures.

Quoique ces moyens ſoient tres-ſimples, je ne puis ſouffrir la terre ſe déplacer du centre de l'univers, ny la croire emportée ſi violemment. Le tour oblique du Soleil me fait autant de peine, que de priver de ſa vûë ſix mois de ſuite les pauvres peuples des Pôles, les glaces y ſeroient petrifiées, & dix ans de ſa préſence ne les pouroit pas fondre, en ſuppoſant la Terre comme un genoüil, ſur lequel pluſieurs montres ſont attachez, & dont les mouvemens particuliers dépendent d'un ſeul centre. Je laiſſe à Meſſieurs les habiles un vaſte champ, & crois ce que dit le Sage dans l'Eccleſiaſte : *Deus mundum tradidit diſputationi hominum, ut non inveniat opus, quod operatus eſt Deus ab initio.* C'eſt un œuvre de Dieu impenetrable aux hommes.

DISSERTATION SUR LA LIGNE DE NIVEAU.

PLUSIEURS prétendent que la Ligne de Niveau suit la rotondité de la Terre, comme la ligne A B C, & que la ligne

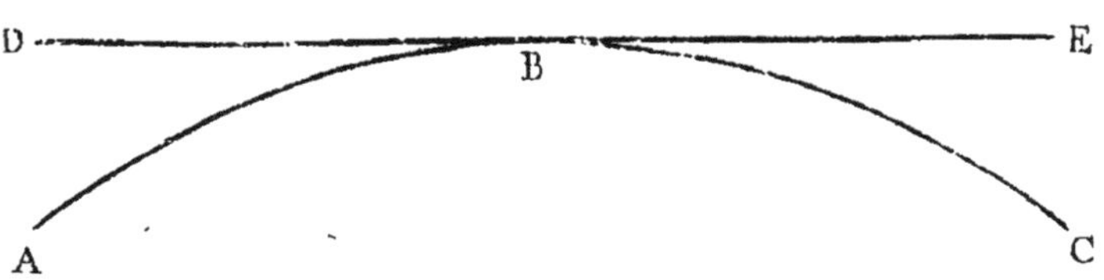

droite D B E, n'est qu'une ligne de niveau apparent.

Il est vray, que ne pouvant comprendre qu'une ligne courbe puisse estre de niveau ; j'ay lû un Traité des Nivellemens, qui établit ce principe : Et aprés avoir eu quelques conferences avec les habiles de cette opinion ; n'étant pas penetré de leurs raisons, j'ay fait ce petit Ouvrage comme un jeu, sans dessein de blâmer ny de contredire.

Au premier chapitre de ce Traité il est dit :

On appelle des points de Niveau ceux qui sont également éloignez du centre de la Terre.

D'où il s'ensuit, qu'une ligne qui dans toute sa longueur seroit parfaitement de niveau, auroit tous ses points rangez dans une courbure circulaire, dont le centre seroit celuy de la Terre.

Supposant donc que tous les points de la superficie des corps liquides, qui ne sont point agitez, sont également éloignez du centre de la Terre ; nous dirons que tous les points de la superficie de ses corps sont de niveau, comme celle des Mers, des Lacs, des Etangs, & generalement toutes les Liqueurs qui n'ont point de mouvement.

Par ce même Traité, suivant ce principe, il est dit : Que pour tirer un Niveau juste, il faut rabattre le haussement du Niveau apparent, de celuy qu'on prétend estre le vray Niveau, c'est à dire, la hauteur de E à C reglée par une table à 14. pieds 8. pouces sur 4000. toises de long, qui quatruple à proportion que le chemin double; en sorte que 8000. toises de long font 58. pieds 8. pouces de haut, 16000. toises 234. pieds 8. pouces, & à proportion.

Ainsi l'on établit que l'eau des Mers, des Lacs, des Etangs, & des Canaux, & generalement toutes les liqueurs, suivent cette ligne circulaire comme ABC.

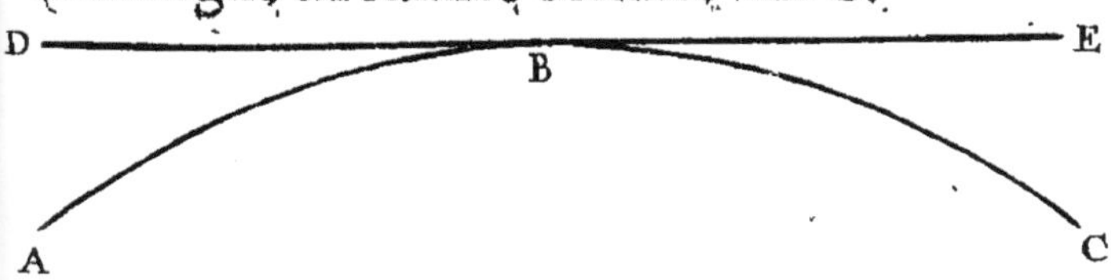

La Table que l'on établit pour le haussement du Niveau de quatorze pieds huit pouces sur quatre mille toises de long, est juste en soy, suivant la ligne courbe, qu'on suppose suivre la circonference du Globe de la Terre : mais l'application n'en paroist pas de même : Outre les raisons cy-dessus, il est certain que cette prétenduë ligne courbe ne reside que dans l'imagination, comme celles qu'on se figure au Ciel & sur les Globes ; ainsi c'est se faire un monstre pour le combattre, au lieu que les lignes droites & de Niveau sont réelles & effectives d'un point vizuel à un autre point, comme le long d'un Canal, d'un Mur, ou d'un Bâtiment ; outre que la Terre pouroit n'estre pas si ronde qu'on se la figure, auquel cas ce principe seroit détruit ; ou si les corps pesans en cherchoient seulement ou simplement la masse, comme il pourroit arriver, sans tirer au centre ;

mais les hommes ne pouvant penetrer le vray, on à ajusté à leurs opinions le commode au vray-semblable ; & les plus habiles se servent de demonstrations Mathematiques tres-certaines pour en appuyer, qui peuvent estre tres-fausses ; peu de personnes sont capables d'en juger, le nom impose ; ainsi les choses sont reçûës, même par les habiles, qui les tolerent, ne pouvant mieux faire ; ce qui en fait souvent admirer sans en sçavoir le pourquoy.

Suivant ce principe, si on suppose un fond à sec parfaitement uni orizontalement, de niveau de tous costez, supposé de 16000. toises en quarré, comme d'un Lac A B C D, en le remplissant d'eau, il faudroit de toute necessité qu'elle s'élevât dans le milieu de cette hauteur, & qu'elle formât comme le dessus d'une calotte, se soûtenant d'elle-même, suivant la circonference du cercle inscript dans le quarré ; en sorte que les quatre angles A B C D en demeuraſſent à ſec; ce qui ne paroiſt ny naturel, ny poſſible.

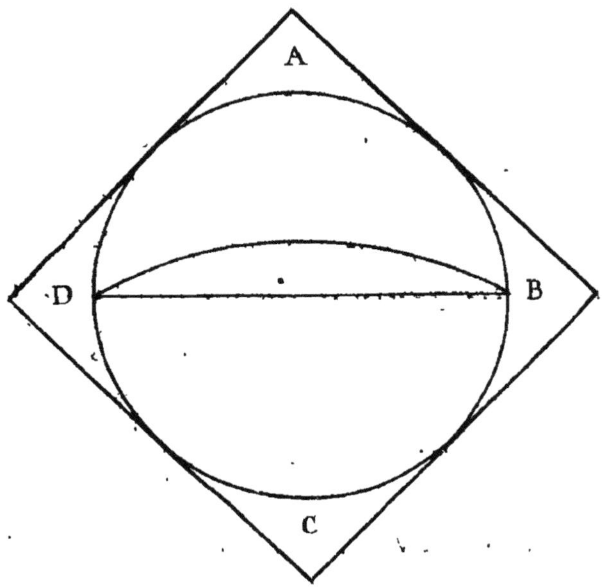

J'advouë que ma raiſon ne ſçauroit eſtre convaincuë de ce principe; outre que mes experiences y ſont contraires. Si on ſuppoſe pour demonſtration des parties de l'eau & de leurs mouvemens, une Table de marbre bien unie, & des boules aussi de marbre parfaitement rondes & polies, comme la presente figure, il est certain que la sixiéme poussera la

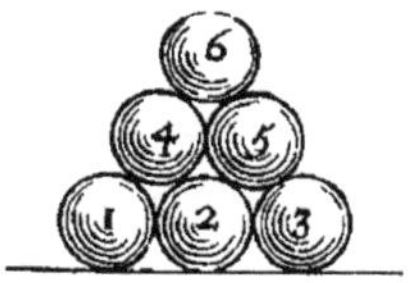

quatriéme & la cinquiéme, & augmentera leur poids pour pousser la premiere & la troisiéme ; en sorte qu'il seroit impossible de les faire tenir l'une sur l'autre. A plus forte raison, les parties de l'eau étant tres-fluides, ont une bien plus grande disposition à s'étendre que ces boules, n'étant pas possible que l'eau puisse laisser aucun vuide entre ses parties ; & l'on ne sçauroit bien comprendre cette rotondité à l'eau, sans luy oster le mouvement, par la contrainte où on la met d'avoir toûjours toutes ses parties à une égale distance du centre de la terre ; c'est oster à cette sixiéme boule la faculté de descendre, & soûtenir les parties de l'eau resserrées, contraintes & collées l'une sur l'autre.

Il est si vray que les parties de l'eau cherchent à s'unir, que plusieurs fois j'ay vû & pratiqué que manquant de Niveau en me servant d'une simple regle, la plus droite, en la moüillant & versant de l'eau dessus avec la main, toutes les gouttes qui coulent d'un costé lors qu'elles y penchent, se réunissent dans le milieu lors qu'elles sont à leur Niveau, & que ces gouttes y tombent en coulant des deux costez jusques à la derniere, qui y demeure comme suspenduë & en équilibre sans mouvement.

On ne peut pas douter que Dieu n'ait attribué un propre à chaque élement. Nous voyons la pierre tomber, la flâme s'élever, & l'air circuler; c'est donc le propre de l'eau de couler, de s'étendre, & de se mettre de niveau, j'entens sur fur une ligne & ſuperficie orizontalement droite & unie.

Par exemple, ſi on ſuppoſe le fond d'un Canal tres-uni orizontalement, les extremitez duquel comme A B ſont à égale diſtance du centre de la Terre; dont les bords ſeront élevez de A à C de B à D, la raiſon me dit, & les experiences me confirment, que ſi on remplit ce canal d'eau, elle s'élevera également ſur ce fond de A à B, & qu'il n'eſt pas poſſible qu'elle puiſſe s'élever au milieu, ſuivant la ligne courbe, ponctuée, pour ranger tous ſes points à égale diſtance du centre de la Terre comme

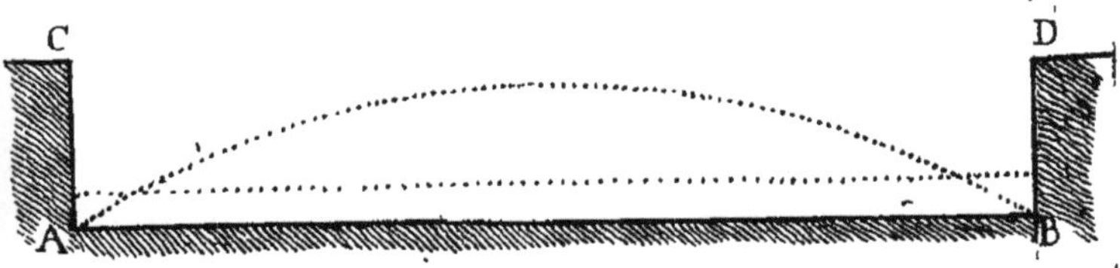

on prétend. Je repete que ce ſeroit coller ſes parties l'une à l'autre, les rendre un corps ſolide, & leur oſter la fluidité.

Il faut obſerver auſſi, qu'il ne ſeroit pas poſſible de voir les objets d'un bout à l'autre du canal, comme on peut voir de Calais les coſtes d'Angleterre, & en Hollande du bout d'un canal d'une plus grande diſtance, où l'on diſcerneroit un homme avec des lunettes d'approche de la teſte aux pieds. Que l'on diſe tant qu'on voudra que c'eſt un effet de la rare-fraction, cela ne paroiſt pas poſſible.

Pour détruire l'idée de cette rare-fraction dont on pourroit tirer quelques conſequences ſur l'horizon de la Mer au lever & au coucher du Soleil, ce qui ne pourroit neanmoins à beaucoup preſt faire cetre difference ſans accident; il faut ſe figurer une longue prairie, comme il s'en trouve en beaucoup d'endroits entre des liſieres de montagnes, où cette ra-re-fraction ne puiſſe eſtre admiſe, & ſuppoſer une Riviere preſque ſans pente, où l'eau coule inſenſiblement, comme celles où l'on fait des levées des deux costez pour faire des retenuës pour des Moulins ; il est constant qu'il y en a où en fermant les vaves, si l'eau y monte trois ou quatre pieds, elle regonfle à trois ou quatre lieuës ; d'où l'on voit un objet d'un bout à l'autre ; ce qui ne pouroit jamais estre s'il étoit possible qu'elle remontât dans son milieu pour reprendre cette prétenduë rotondité, qui seroit de seize toises sur quatre lieuës, quand elle seroit reduite à moitié, ce seroit quarante-huit pieds plus élevé que le terrain ; le supposant droit d'un point à l'autre, comme il est lors qu'on y découvre les objets par une ligne droite ; ce qui ne peut estre autrement.

Ce que j'ay dit du mouvement des Eaux, peut servir d'explication assez claire ; mais donnons encore un exemple, & supposons pour un grand Lac la Mer Caspienne, qui peut avoir trois cens cinquante lieuës de long, enfermée de terre de tous costez; on ne sçauroit en considerer la surface que comme une glace tres-unie perpendiculaire au centre de la terre, peut-estre plus creuse dans son milieu que dans ses bords; si elle a des concavitez, comme il est sans doute, pour écouler les eaux qu'elle reçoit de plusieurs Rivieres: & si il est vray, comme on prétend, qu'elle aye communication par le dessous de l'Armenie & de la Georgie avec la Mer Noire; cela frape la raison, sans pouvoir estre contesté: au lieu que si ces Eaux recevoient cette rotondité, il faudroit que cette Mer fut plus élevée au milieu que dans ses bords de quarante lieuës perpendiculairement par proportion, ce qui n'est pas possible, puisque l'on connoist sensiblement que les plus hautes Montagnes ne sçauroient estre élevées d'une lieuë & demie perpendiculairement au dessus des plus basses Mers.

J'ay toûjours experimenté dans plus

de 200. lieuës de longueur, le Niveau d'eau dont j'ay donné la figure dans mon Traité des Forces Mouvantes, qu'un ou pluſieurs coups de ce Niveau ſe ſont toûjours trouvez à même hauteur parallellement comme de A à B, & de C à D, ſans avoir jamais fait aucune diminution ny augmentation pour cette rotondité, quoy que j'aye monté & deſcendu pluſieurs montagnes; ce qui continueroit toûjours tant que le terrain le pouroit permettre, ſuivant la demonſtration cy-aprés.

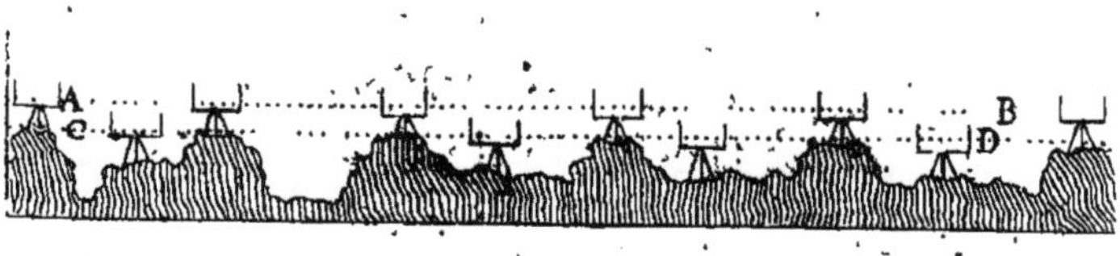

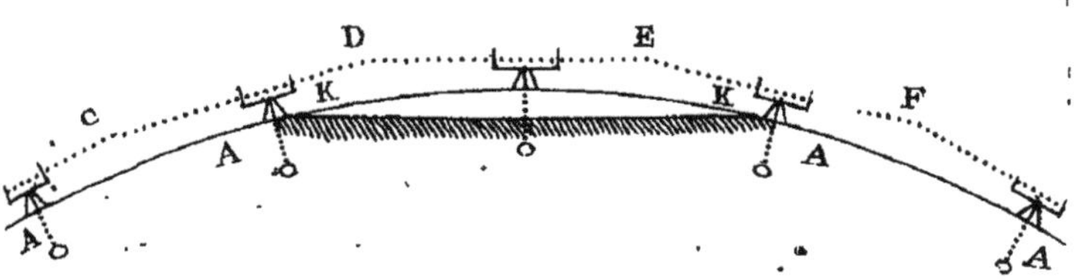

Lorſque l'on tire un coup de Niveau, il ne peut eſtre déterminé que de l'œil à l'objet, & non en ligne courbe, c'eſt à dire, du point de vûë au point de viſée, comme de C à D, de D à E, & de E à F; & quand on ſuppoſeroit tirer ce Niveau ſur un terrain circulaire également diſtant du centre de la terre, comme AAAA, ce qui ne ſçauroit jamais arriver, alors les Sections qui ſe feroient ne ſçauroient eſtre conſiderées que comme des parties de Poligones, plus ou moins grandes, à proportion que le terrain le permet, comme le deſſus d'une orange coupée, dont j'ay parlé, de laquelle chaque ſection ou ſuperficie eſt tres-unie de C à D, de D à E, & de E à F, poſant toûjours leur extrémité à égale diſtance de leur centre de ponderation, comme on pouroit faire de K à K.

Pour faire comprendre par cet exemple de K à K la diſpoſition de la Mediterranée, elle doit eſtre conſiderée comme une entaille faite dans cette orange, qui fait un canal, dont les terrains de l'Europe & de l'Affrique sont en pente, qui y conduisent leurs eaux, & le fond de son terrain en sa longueur un peu plus élevé du costé du Levant, que du costé du Detroit de Gilbaltar, par où elles s'écoulent dans l'Ocean à peu prés comme la ligne ponctuée K K.

Il est plus facile de comprendre la disposition de ce canal, & l'eau coulante de K à K sur une douce pente droite & naturelle, que de la croire suivre cette rotondité, dont le milieu seroit élevé plus de 100. lieuës perpendiculairement au dessus des extremitez K K.

Si on posoit un tuyau de 4000. toises de long, plus ou moins en droite ligne,

& de niveau, dont les deux bouts fussent à égale distance du centre de la Terre, au travers duquel on peut voir le jour d'un bout à l'autre de A à B ; que sur chaque bout & au milieu on y mit trois tuyaux perpendiculairement, suivant cette demonstration, il est certain que ce tuyau ne pouroit estre consideré que comme un canal, au moyen de l'air qu'il recevra par le milieu & par les deux bouts.

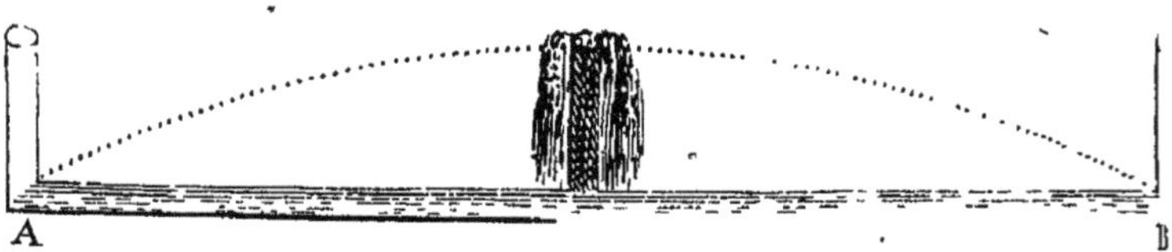

Supposé qu'on le remplit d'eau, il est sans difficulté qu'à proportion que sa capacité s'empliroit d'un bout à l'autre, suivant l'opinion de la rotondité, l'eau s'éleveroit dans le tuyau du milieu sans s'élever dans ceux des deux bouts, où il ne seroit pas possible d'en faire rester telle quantité que l'on y en peut mettre, attendu que l'eau sortiroit par ce tuyau du milieu à la hauteur de cette rotondité, ce qui ne paroist pas possible.

Si l'on prétend que l'eau remplira les deux espaces de cette rotondité, comme la figure suivante, il faut convenir

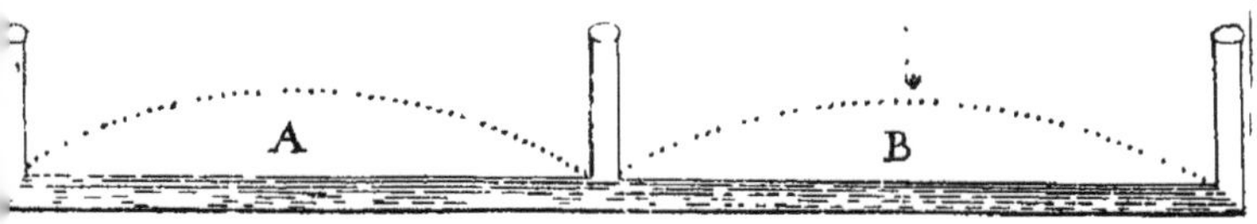

que suivant ce même principe l'eau feroit plus d'effort dans les parties A & B, que vis à vis des tuyaux perpendiculaires, ce qui repugne aussi à la raison ; & cette opinion est opposée à ce qui est universellement reçû, que toutes les parties de l'eau pesent également sur leur plan à proportion de leur hauteur ; & quoyqu'elles tendent à leur centre de ponderation, il ne s'ensuit pas qu'elles s'élevent pour se ranger à égale distance de ce prétendu centre de la Terre.

Ce tuyau étant plain, si on y faisoit une ouverture ou tranchée par le dessus en forme de canal, il faut convenir, que suivant ce principe l'eau se retireroit des deux bouts pour se renfler dans le milieu jusqu'au terme où sa quantité trouveroit cette rotondité, ce qui ne paroist pas soûtenable.

Si même on considere la disposition des parties de la Terre qui sont découvertes au dessus des eaux, on aura bien de la peine à la comprendre, & à la croire aussi ronde qu'on se la figure, par rapport à la situation des Rivieres & des Fleuves, à l'opposition de leurs cours, & à ce qu'elles peuvent avoir de pente; on sçait que les plus rapides n'ont qu'approchant de six pieds par lieuë, que les plus longs n'en ont pas mille; quand on leur supposeroit trois ou quatre fois autant de pente, ce ne seroit qu'une lieuë &

demie perpendiculairement. Aprés toutes ces raisons bien pesées, si on imagine une ligne tirée du Cap Negre en Affrique, qui la traverse & passe par la Peninsule entre la Mediterranée & la Mer rouge, & continuë en traversant la grande Tartarie, aille rendre au Détroit Durie au dessus de la Chine,, ce qui fait en longueur presque un demi diametre de la Terre : Je dis qu'on poura bien douter de cette pretenduë rotondité ; de quelque figure que soit un corps, il a toûjours un centre de ponderation, & il seroit plus facile de comprendre la Terre d'une autre forme que ronde, qu'il n'est facile de la croire soûtenuë au milieu de l'air, quoy que tres-certain. Je laisse aux habiles à y faire telle reflexion qu'il leur plaira.

La Table pour le haussement du Niveau établit, comme nous avons dit, pour 4000. toises de long 14. pieds 8. pouces de sur-haussement.

Et ſur 100. toiſes une ligne un tiers ſeulement ; en ſorte que ſi on tire cette diſtance de 4000. toiſes en 40. coups, à une ligne un tiers, ce ne ſera que 4. pouces 5. lignes, au lieu de 14. pieds 8. pouces pour un ſeul coup.

Trois cens toiſes portent un pouce ; ſi on tire ce Niveau en 14. coups, qui ſont 4200. toiſes de long, on ne trouvera que 14. pouces de ſur-hauſſement, au lieu de 14. pieds 8. pouces.

Mille toiſes portent 11. pouces, en 4. coups 3. pieds 8. pouces.

Et 2000. toiſes portent 3. pieds 8. pouces, qui ne ſont que 7. pieds 8. pouces en deux coups.

Cette difference à ne pouvoir ajuſter deux coups à même hauteur, font de la peine à déterminer quel terme on devroit ſe fixer pour tirer par exemple une ligne de 4000. toiſes en un lieu qui ſeroit inacceſſible : Comme, ſi vous ſuppoſez deux Montagnes A B à 4000. toiſes de diſtance, il n'est pas possible de verifier en plusieurs coups ce que l'on a tiré en un.

EXEMPLE.

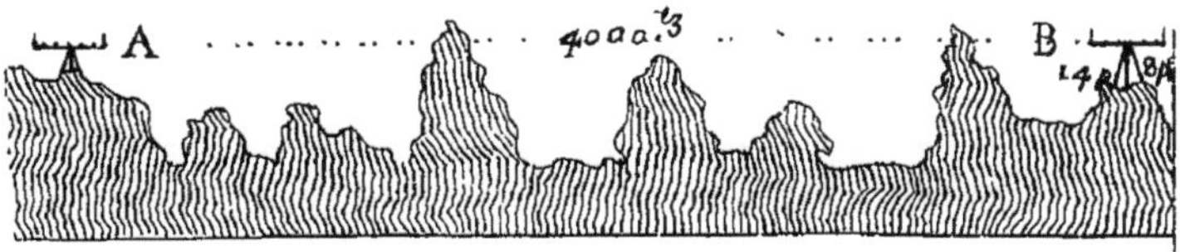

Si 4000. toises de A à B portent d'un coup 14. pieds 8. pouces de sur-haussement, que les lieux obligent à tirer plusieurs coups, il est certain que les différences seront à proportion du nombre des coups; si on en met 40. il ne se trouvera que 4. pouces 5. lignes, en 4. fois 3. pieds 8. pouces, en 2. fois 7. pieds 4. pouces; ainsi étant passé de A à B, il n'est point de station qui détermine précisément la hauteur en B: ce qui n'arrive jamais avec le Niveau d'eau dont je me suis servi, qui en tel nombre de coups que ce soit, se trouve toûjours à même hauteur, sans augmentation ny diminution pour cette rotondité, moyennant l'exactitude à retenir les positions de l'Instrument.

J'ay fait cette experience aux Reservoirs de Chesnay, qui portoient l'eau sur la Grotte de Versailles à 1600. toises de distance, par un fond assez inégal de 120, à 130. pieds de bas; ayant tiré ce Niveau d'un seul coup chaque bout, & l'ayant verifié en plusieurs dans le fond sans nulle difference.

Je diray à cette occasion un effet de l'extrême bonté de Sa Majesté, à qui j'avois promis ses Eaux jalissantes au dessus de son Parterre, & qu'elle attendoit avec impatience : cependant il s'étoit répandu un bruit que j'avois fait les Reservoirs trop bas, les conduites ayant été mises, dont quelques tuyaux s'étant rompus, on prit occasion de dire, qu'il faloit abandonner ce travail. J'étois tres-mortifié; la sagesse du Roy imposa silence, en ordonnant qu'on y remettroit des tuyaux

d'une force ſuffiſante pour ſoûtenir la

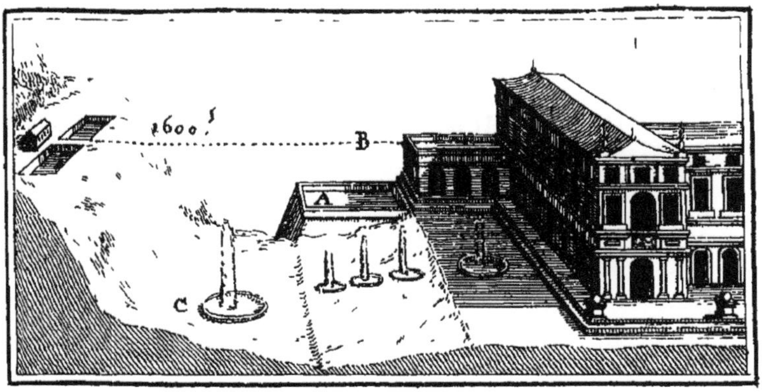

charge de l'eau ; ce qui fut fait : l'eau monta à la hauteur du Parterre A, quoyque j'euſſe promis cette eau à 40. pieds plus haut ſur la Grotte B. Sa Majeſté, nonobſtant la grande dépenſe, par un excés de bonté qui ſeroit rare à trouver au moindre particulier, me dit qu'elle s'en contentoit à cette hauteur, & qu'elle s'en ſerviroit pour ſes Jardins bas, par un eſprit de charité & d'humanité, pour m'épargner le déplaiſir que j'aurois dû avoir ſi l'eau n'avoit pas monté ſur la

Grotte B, où elle monta trois jours aprés en présence de Sa Majesté.

Si on vouloit tirer un Niveau du point A à ce point O, comme la Figure suivante, & qu'on fust obligé de suivre le

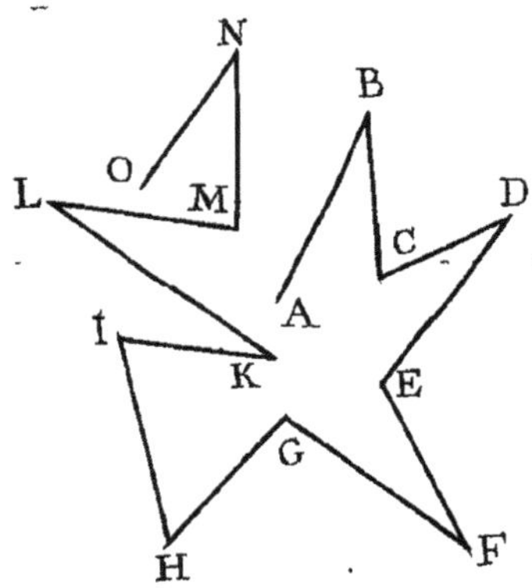

chemin ABCD, &c. il est difficile de comprendre l'ordre qu'il faudroit tenir, suivant la Table. Outre les raisons cy-dessus, il est certain que la ligne de la rotondité seroit differente du point A au point B, à celle du point B au point C, & de même à toutes les autres, ce qui engageroit à des supputations infinies

nies ſur des operations toûjours incertaines de mettre les points A & O parfaitement de niveau, ce qui n'arrive jamais avec le niveau d'eau dont je me ſuis ſervi pour les travaux du Roy, avec lequel toutes les hauteurs ſont déterminées toûjours de même & paralellement, ſans eſtre obligé à faire aucune diminution ny augmentation pour cette prétenduë rotondité, dont je n'ay jamais rien apperçû dans plus de 200. lieuës de long; ce qui me perſuade que cette ligne ne reſidant que dans l'imagination, ne ſert que de monſtre à combattre.

Je n'ay nul deſſein de blâmer les diverſes manieres dont chacun ſe ſert pour les Nivellemens. Le merite de ceux qui ont écrit ſur ce ſujet, & les grandes operations qu'ils en ont faites ſe ſoûtiennent d'elles-mêmes; on arrive par diverſes routes à même fin : c'eſt à ceux qui en auront beſoin à choiſir ce qu'il leur conviendra. J'expoſe la verité en ce que j'ay fait, comme je la cherche en ce que je veux faire, sans prétendre rien decider, mais dire seulement ce qui me paroist le plus vray-semblable ; & croiray avoir fait plaisir au Public, si cette petite Dissertation peut exciter les habiles à mettre cette matiere en état de ne laisser aucun doute.

FIN.

APPROBATION.

J'AY lû par ordre de Monſeigneur le Chancelier, un Manuſcrit intitulé, *Nouveau Siſteme, &c.* & j'ay crû que 'impreſſion en pouvoit eſtre permiſe. A aris ce trentiéme Novembre mil ſept cens deux.

Signé, POUCHARD.

www.ingramcontent.com/pod-product-compliance
Ingram Content Group UK Ltd.
Pitfield, Milton Keynes, MK11 3LW, UK
UKHW031929260826
14628UKWH00004B/1514

9 782013 557924